Angelika Kipp

Pinguine

Fensterbilder aus Tonkarton

Frech-Verlag Stuttgart

Im Frech-Verlag sind zahlreiche andere Titel zum Thema Tiere erschienen. Hier eine Auswahl:

Heidrun und Hans Röhr
Tiere der Urzeit
Dinosaurier
Vor vielen Millionen Jahren ausgestorben erleben die Dinosaurier heute eine „Renaissance". Mit den urigen Fensterbildern und Mobiles, die auch Kinder basteln können, läßt sich das Leben der Dinos nachempfinden und gestalten.
32 S., Farbf., Vorlagenbg.
TOPP 1530 ISBN 3-7724-1530-X

Isolde Schmitt-Menzel
16 Fensterbilder
mit der MAUS
Jeder kennt diese Maus! Auch Erwachsene mögen das orangefarbene Nagetier, bekannt aus einer Fernsehserie mit großem pädagogischem Wert – seit nunmehr über 20 Jahren. Ihre Schöpferin entwarf eine Szenerie lustiger Fensterbilder.
32 S., Farbf., Vorlagenbg.
TOPP 1462 ISBN 3-7724-1462-1

Sieglinde Holl
Bedrohte Tiere
Fensterbilder aus Tonkarton
Die Autorin hält die Schönheit der schützenswerten Tierwelt naturalistisch fest. Kurze Informationen zu allen Tieren über die Ursachen des Aussterbens helfen, unsere Verantwortung für sie deutlich zu machen.
Mappe A5 mit Vorlagen.
TOPP 1640 ISBN 3-7724-1640-3

Zeichnungen: Berthold Kipp
Fotos: Frech-Verlag GmbH + Co. Druck KG, D-7000 Stuttgart 31 · Birgit Oberschachtsiek

Auflage: 5. 4. 3. 2. 1. | Letzte Zahlen maßgebend
Jahr: 1997 96 95 94 93

frech-verlag GmbH + Co. Druck KG, D-7000 Stuttgart 31
ISBN 3-7724-1683-7 · Best.-Nr. 1683
Druck: Frech-Verlag GmbH + Co. Druck KG, D-7000 Stuttgart 31

Pinguine

Im Lexikon werden sie als flugunfähige Meeresvögel bezeichnet, die an Land etwas unbeholfen herumwatscheln.

Die größte lebende Art sind die Kaiserpinguine, die an der Küste der Antarktis brüten.

Das steht im Lexikon – aber das ist noch lang nicht alles, was diese lustigen Gesellen mit den schwarzen Fräcken können!

Denn an Ihrem Fenster oder im Kinderzimmer nehmen sie ein Schaumbad, laufen Schlittschuh, verlieben sich und heiraten. Die Pinguine bauen ein kunterbuntes Häusle und haben Schwimmstunde.

Sie sind also nicht nur im Winter aktiv, und von tollpatschig kann wohl kaum die Rede sein, wenn sie zu heißer Discomusik das Tanzbein schwingen!

Viel Spaß beim Basteln!

Angelika Kipp

Arbeitsmaterial

- Tonkarton in verschiedenen Farben
- schwarze und rote Filzstifte (dünne Strichstärke)
- Bleistift, heller Buntstift
- Bleistiftspitzer
- weicher Radiergummi
- Transparent-, Butterbrotpapier oder weißes Backpapier
- Schere
- Lineal
- Bastelmesser
- Unterlage
- Klebstoff
- Faden zum Aufhängen (evtl. Nylon)
- Nähnadel

Tips und Tricks

Tonkarton

Für diese Pinguin-Fensterbilder sollten Sie Tonkarton verwenden, damit die Motive die nötige Stabilität erhalten.

Tonkarton gibt es in verschiedenen Farben – variieren und kombinieren Sie nach Lust und Laune!

Übertragen des Motivs

Haben Sie sich für ein Motiv entschieden, legen Sie ein Stück Transparent- oder Butterbrotpapier auf den Vorlagenbogen. Befestigen Sie es mit einem kleinen Klebestreifen, damit es nicht verrutscht.

Zeichnen Sie alle Linien mit einem weichen, aber spitzen Bleistift nach. Anschließend wenden Sie das Transparentpapier und legen es auf den bunten Tonkarton. Mit einem spitzen Bleistift zeichnen Sie die Linien nun nochmals kräftig nach. Bei diesem Arbeitsgang wird der Graphit von der Bleistiftzeichnung auf den Karton übertragen.

Die Vorlagen können Sie nun mühelos ausschneiden; evtl. vorhandene Bleistiftstriche entfernen Sie mit einem weichen Radiergummi.

Bei dieser Technik ist es auch möglich, die Stellen auf dem Tonkarton zu markieren, die später bemalt werden oder wo Sie dann Teile ankleben.

Es gibt übrigens noch eine Variante bei der Übertragung des Musters: Kleben Sie das Transparentpapier mit dem abgezeichneten Motiv auf ein Stück Karton. Ausschneiden – und fertig ist Ihre Schablone!

Wollen Sie ein Motiv auf einen dunklen Tonkarton übertragen, verwenden Sie statt des Bleistiftes einen hellen Buntstift.

Ausschneiden eines Motives

Schneiden Sie die einzelnen Formen am besten mit einer scharfen Bastelschere oder einem Bastelmesser aus. Achten Sie dabei auf eine feste Schneideunterlage, z.B. aus Glas, Holz oder Keramik.

Für Teile, die Sie zweimal benötigen, legen Sie den Tonkarton doppelt und schneiden beide Formen gleichzeitig aus. So passen die einzelnen Teile beim Aufeinanderkleben exakt zusammen.

Klebstoff

Bevor Sie die Teile zusammenkleben, legen Sie sie passend aufeinander; so haben Sie die Möglichkeit, die Umrisse der zu klebenden Teile mit einem Bleistift zu kennzeichnen. Damit kein Schmierfleck durch den Klebstoff entsteht, tragen Sie ihn einige Millimeter vom markierten Rand entfernt auf.

Bei manchen Klebstoffen kann es vorkommen, daß sich der Tonkarton wellt; machen Sie vorher eine Probe!

Deckungsgleiches Kleben und Aufmalen von Konturen

Vor dem Kleben legen Sie die ausgeschnittenen Teile zu dem fertigen Motiv zusammen; so können Sie sich die Klebestellen mit einem Bleistift markieren.
Kleben Sie zunächst die Vorderseite eines Werkes fertig, stellen Sie dann die Rückseite deckungsgleich fertig.

Bei durchscheinendem Papier sollte die Rückseite absolut exakt gearbeitet sein; die Teile werden auf der Rückseite spiegelverkehrt aufgeklebt.

Es gibt zwei Möglichkeiten, sich das deckungsgleiche Kleben und Aufmalen zu erleichtern:

1. Drücken Sie dazu die fertig gebastelte Vorderseite bei Tageslicht gegen eine Fensterscheibe. Scheint das Papier durch, können Sie mit einem Bleistift auf der Rückseite des Motives die Klebe- oder Aufmalstellen (z.B. Augen) exakt markieren.

2. Haben Sie beim Übertragen des Motives das Transparentpapier zu Hilfe genommen, wird Ihnen das spiegelverkehrte Kleben der Rückseite noch mehr erleichtert. Drehen Sie einfach das Papier um, und schon erscheint das Motiv von der Rückseite. Sie können die einzelnen Tonkartonteile auf das Papier legen und die Klebestellen markieren.

Aufhängung

Es gibt verschiedene Möglichkeiten, ein Fensterbild aufzuhängen. Sie können sich zwischen dem altbewährten Faden, einem Klebeband oder doppelseitigen Klebeplättchen, die im Handel angeboten werden, entscheiden.

Wenn Sie mit einem Faden arbeiten wollen, balancieren Sie Ihre Tonkarton-Arbeit zwischen Daumen und Zeigefinger aus, bis Sie die richtige Stelle gefunden haben. Mit einer Nadel stechen Sie einige Millimeter vom Rand entfernt in das Motiv und ziehen den Faden durch.

Wir trauen uns

Das Ja-Wort gaben sie sich heut,
nun wird gefeiert, liebe Leut!

Material:

- Schwarzer, weißer, orangefarbener, roter, grüner und gelber Tonkarton
- Bleistift, heller Buntstift, schwarzer Filzstift
- Schere, Klebstoff

Auszuschneidende Teile:

• Braut

Schwarz:	Körper und Flügelpaar je 2 x
Weiß:	Augenpaar, Bauch und Schleier je 2 x
	Blüte 4 x
Orange:	Fußpaar und Schnabel je 2 x
Grün:	Strauß 2 x
Rot:	Blüte (Kranz) 6 x
	Blüte (Strauß) 10 x

• Bräutigam mit Wiese

Schwarz:	Kopf, Hutband, Flügelpaar, Schleifenband und Hose je 2 x
Weiß:	Auge und Hemd je 2 x
Orange:	Fußpaar und Schnabel je 2 x
Rot:	Hut und Schleife je 2 x
	Blüte für die Wiese 4 x
Grün:	Wiese 1 x
Gelb:	Blüte 6 x

Bastelanleitung:

Schneiden Sie alle auf Tonkarton übertragenen Teile aus.
Zeichnen Sie mit dem schwarzen Filzstift die Augen auf.

• Braut

Kleben Sie den Schleier und das Fußpaar unter den Körper.
Befestigen Sie folgende Teile nacheinander auf dem Körper: das Bauchteil, die Augen, den Schnabel, den Blütenkranz und den linken Flügel.
Fixieren Sie den anderen Flügel an dem Blumenstrauß.
Die Blüten kleben Sie wie auf der Abbildung unter bzw. auf das Grün und befestigen den Strauß samt Arm auf dem Körper.

• Bräutigam

Kleben Sie das Fußpaar und den rechten Flügel unter das entsprechende Kleidungsstück.
Befestigen Sie nacheinander folgende Teile auf dem Hemd: den beklebten Kopf, den linken Flügel, die Schleife mit Band und die Hose.

Das glückliche Paar stellen Sie auf die mit Blumen geschmückte Wiese.
Die Rückseite arbeiten Sie deckungsgleich.

Verbesserte Wohnqualität

Im Sessel ruht man ganz bequem,
das kann hier ja ein jeder sehn.

Material:

- Weißer, grauer, roter, schwarzer, orangefarbener und gelber Tonkarton
- Bleistift, weißer Buntstift, schwarzer Filzstift
- Schere, Klebstoff

Auszuschneidende Teile (für 1 Motiv):

Weiß:	Pinguinbauch 2 x
	Schneefläche 1 x
Grau:	Schneerand 2 x
Rot:	Sesselteile je 2 x
Schwarz:	Körper und Flügel je 2 x
Orange:	Schnabel und Fußpaar je 2 x
Gelb:	Kissen 2 x

Bastelanleitung:
Schneiden Sie alle auf Tonkarton aufgezeichneten Teile aus.
Übertragen Sie dann mit einem schwarzen Filzstift die Linie des Sessels (gepunktete Linie auf dem Vorlagenbogen).
Anschließend fügen Sie nacheinander folgende Teile zu einem Pinguin zusammen.

- Pinguin sitzend

Auf dem schwarzen Frack werden der weiße Bauch, dann die Füße, der linke Flügel und der Schnabel fixiert.
Den rechten Arm kleben Sie unter den Körper.

- Pinguin liegend

Kleben Sie den weißen Bauch mit den Füßen unter das schwarze Körperteil. Danach fixieren Sie den Schnabel und die Flügel.

Nun legen Sie das Kissen auf den Sessel und setzen den Pinguin auf seine komfortable Schlafstätte.
Mit einem weißen Stift werden die geschlossenen Augen aufgemalt.
Zum Schluß arbeiten Sie die Rückseite deckungsgleich.

Achtung: Weißes Papier scheint durch – da bleibt ungenaues Arbeiten nicht verborgen!

Vorsorgeuntersuchung

Willst Du in die Schule gehen,
muß Dich erst der Doktor sehen.

Material:
- Grüner, schwarzer, weißer, orangefarbener, roter und gelber Tonkarton
- Bleistift, schwarzer Filzstift
- Schere, Klebstoff,
  Lineal

Auszuschneidende Teile:

Grün:	Wiese 1 x
Schwarz:	Kleiner Pinguinkörper und Flügel je 2 x Körper des Pinguin-Arztes 1 x Rechteck zwischen den Beinen 2 x
Weiß:	Bauchteil und Auge (kleiner Pinguin) je 2 x Kittel (großer Pinguin) 2 x Auge (großer Pinguin) 4 x
Orange:	jeder Fuß und beide Schnäbel 2 x
Rot:	Kreuz, Teile des Meßinstrumentes je 2 x
Gelb:	Hose 2 x

Bastelanleitung:
Schneiden Sie zunächst alle auf Tonkarton übertragenen Teile aus.
Zeichnen Sie dann mit dem schwarzen Filzstift die Augen, die Knöpfe und alle Linien (auf dem Vorlagenbogen gepunktet) auf; nehmen Sie eventuell ein Lineal zu Hilfe.

• Pinguinarzt
Kleben Sie zunächst die schwarzen Körperteile und die Füße unter den Kittel.
Anschließend fixieren Sie die Augen, den Schnabel und das Kreuz.

• Pinguinkind
Befestigen Sie zuerst das weiße Bauchteil hinter dem schwarzen Körper und die Füße hinter der gelben Hose.
Dann kleben Sie die Hose, das Auge und den Schnabel auf den Körper.

• Meßinstrument
Kleben Sie zunächst die Trittfläche auf die Meßlatte.
Dann stellen Sie den kleinen Pinguin auf die Trittfläche und befestigen anschließend die obere Querstange.

Nun fixieren Sie die beiden Pinguine auf der Wiese.

Arbeiten Sie die Rückseite deckungsgleich.

Material:

- Grüner, roter, weißer, schwarzer, gelber und orangefarbener Tonkarton
- Bleistift, schwarzer Filzstift
- Schere, Klebstoff

Auszuschneidende Teile:

Grün:	Wiese 1 x
Rot:	Badewanne, Bürste, Handtuch, Pantoffel je 2 x
Gelb:	Ente 2 x
Weiß:	Schaum und Augenpaar je 2 x
Schwarz:	Kopf und Flügel je 1 x
Orange:	Schnabel 2 x

Bastelanleitung:

Schneiden Sie alle übertragenen Teile aus. Zeichnen Sie zuerst die Augen, das Muster der Pantoffeln und die restlichen Linien mit einem schwarzen Stift auf.

Fixieren Sie die Badewanne mit dem aufgesetzten Schaum und der Ente sowie die Pantoffeln und das Handtuch auf der Wiese.

Anschließend bekleben Sie den Pinguinkopf mit den Augen und der Schaum-Mütze und befestigen ihn, – wie auch den Flügel mit der Bürste – hinter dem Schaum der Badewanne.

Vergessen Sie den Schnabel nicht!

Dann arbeiten Sie die Rückseite deckungsgleich.

Winterspaziergang

Ein Pinguin, der liebt die Winterzeit,
besonders wenn es sehr stark schneit.

Material:
- Weißer, schwarzer, orangefarbener, roter und gelber Tonkarton
- Bleistift, schwarzer Filzstift
- Schere, Klebstoff

Auszuschneidende Teile:
- Für einen Pinguin

Weiß: Körper 1 x
Auge 2 x
Schwarz: Körper 2 x
Orange: Fuß und Schnabel je 2 x
Gelb: Ohrenschützer und Schalteile je 2 x

- Für Pinguin mit Ente zusätzlich

Gelb: Ente 2 x
Rot: Rad und Band je 2 x

Bastelanleitung:
- Pinguin

Schneiden Sie alle auf Tonkarton übertragenen Teile aus.
Danach malen Sie das Auge und die gepunkteten Linien (siehe Vorlagenbogen) mit einem schwarzen Filzstift auf. Kleben Sie nun das schwarze Körperteil und die Füße auf den weißen Körper. Als nächstes fixieren Sie den Schnabel, das Auge, den Ohrenschützer und die Schalteile. Die Rückseite arbeiten Sie deckungsgleich.
- Ente

Zeichnen Sie das Auge, den Radmittelpunkt und die Schnabelabgrenzung (gepunktete Linie auf dem Vorlagenbogen) auf. Dann kleben Sie folgende Teile nacheinander fest: die Ente, das Rad und das Band.

Meine schönsten Luftballons

Luftballons in allen Farben
kann ein jeder bei mir haben.

Pinguin

Material:
- Schwarzer, weißer, roter, orangefarbener, gelber und grüner Tonkarton
- Bleistift, heller Buntstift, schwarzer Filzstift
- Schere, Klebstoff

Auszuschneidende Teile :

Schwarz:	Körper 1 x
Rot:	Mütze und Schalteile je 2 x
	Luftballon 6 x
Orange:	Fußpaar und Schnabel je 2 x
Weiß:	Bauchteil und Augenpaar je 2 x
Gelb:	Stab 2 x
	Luftballon 4 x
Grün:	Luftballon 2 x

Bastelanleitung:
Schneiden Sie alle auf Tonkarton übertragenen Teile aus.
Zeichnen Sie die schwarz markierten Stellen sowie die gepunkteten Linien (siehe Vorlagenbogen) mit dem Filzstift auf.
Kleben Sie folgende Teile nacheinander auf den schwarzen Pinguinkörper: das weiße Bauchteil, die Schalteile, den Schnabel, die Augen, die Mütze, die Füße.
Fixieren Sie die Luftballons an dem Stab, und befestigen Sie ihn am Pinguinflügel. Der Ballon, der an der Mütze klebt, gibt Ihrem Fensterbild zusätzliche Stabilität.
Arbeiten Sie die Rückseite deckungsgleich.

Tannenbäume

Mit Tannenbäumen können Sie bei Ihren Pinguinen noch den Hintergrund gestalten.

Material:
- Grüner Tonkarton
- Bleistift
- Schere, Hefter und Heftklammer

Auszuschneidende Teile :
Grün: Tannenbaum 3 x

Bastelanleitung:
Übertragen Sie die Tannenbaum-Form auf den Tonkarton, und schneiden Sie diese aus.
Knicken Sie zwei Tannenbaum-Formen in der Mitte (gestrichelte Linie), und legen Sie alle drei Formen paßgenau aufeinander.
Heften Sie nun die drei Bäume an der Faltlinie zusammen.
Danach biegen Sie die Teile auseinander, so daß ein plastischer Baum entsteht.

Wasserspiele

Ganz ohne Wasserhahn und Schlauch
können Pinguin und Wal das auch.

Material:
- Hell- und mittelblauer, schwarzer, roter, weißer, orangefarbener, gelber und grüner Tonkarton
- Bleistift, schwarzer Filzstift
- Schere, Klebstoff

Auszuschneidende Teile:

Hellblau:	Wasser 1 x
	Fontänenteile 2 x
Mittelblau:	Ballteil 2 x
Schwarz:	Wal- und Pinguinkörper je 2 x
Weiß:	Wal- und Pinguinauge, Pinguinbauch je 2 x
Orange:	Füße und Schnabel je 2 x
Rot:	Mütze, Walmaul und Ballteil je 2 x
Gelb:	Ball 2 x
Grün:	Ballteil 2 x

Bastelanleitung:

Schneiden Sie alle auf Tonkarton übertragenen Teile aus.

Zeichnen Sie zuerst die Augen und den Schnabelstrich (gepunktete Linie auf dem Vorlagenbogen) auf.

Dann kleben Sie dem Wal das Auge, das Maul und die Fontänenteile auf und fixieren ihn auf dem Wasser.

Beim Pinguin befestigen Sie zuerst den weißen Bauch, dann alle übrigen Teile und setzen ihn anschließend auf die Fontäne.

Nun fixieren Sie die drei bunten Ballteile auf dem gelben Ball und kleben ihn auf die Fontäne und die Schwanzflosse.

Zum Schluß arbeiten Sie die Rückseite deckungsgleich.

Gewußt wie

Wenn man sich nur zu helfen weiß,
löst man Probleme auch im Eis!

Material:

- Weißer, grauer, blauer, schwarzer, orangefarbener, gelber und roter Tonkarton
- Bleistift, schwarzer Filzstift
- Schere, Klebstoff

Auszuschneidende Teile:

Weiß:	Schneefläche 1 x
	Pinguinbauch (bei dem Pinguin mit Schwimmreifen besteht er aus Ober- und Unterteil) je 2 x
Schwarz:	Körperteile je 2 x
Orange:	Schnäbel und Füße je 2 x
Gelb:	Schwimmreifen, Stöpsel und Griff der Säge je 2 x
Rot:	Dreiecke 10 x
	Stöpselteil und Säge je 2 x
Grau:	Eiskante 2 x
Blau:	Wasser 2 x

Bastelanleitung:

Schneiden Sie alle auf Tonkarton übertragenen Teile aus.
Zeichnen Sie das Auge und die gepunkteten Linien (siehe Vorlagenbogen) auf.

- Pinguin mit Schwimmreifen

Kleben Sie die weißen Bauchteile auf die schwarzen Körper, und fügen Sie beide Teile durch den Schwimmreifen (mit dem Stöpsel und den Dreiecken) zusammen, wobei ein Flügel auf dem Reifen liegt.
Dann fixieren Sie den Schnabel und das Auge auf, die Füße aber unter dem Körper.

- Pinguin mit Säge

Kleben Sie den weißen Bauch mit dem aufgeklebten Fuß unter das schwarze Körperteil.
Befestigen Sie anschließend das Auge, den Schnabel und die zusammengefügte Säge an dem Pinguin.

Kleben Sie nun das Wasserloch und die Eiskante auf die Schneefläche, stellen Sie die Pinguine dazu.

Zum Schluß gestalten Sie die Rückseite.

Achtung: Arbeiten Sie absolut dekkungsgleich, da weißes Papier durchscheint.

Eine Schlittschuhpartie

Mit den Schlittschuh'n übers Eis,
das macht Spaß, wie jeder weiß.

Material:
- Schwarzer, weißer, orangefarbener, gelber oder roter Tonkarton
- Bleistift, heller Buntstift, schwarzer Filzstift
- Schere, Klebstoff

Auszuschneidende Teile:

Schwarz:	Körper und Schlittschuhpaar je 2 x
Weiß:	Bauchteil 1 x Auge 2 x
Orange:	Fußpaar und Schnabel je 2 x
Gelb oder Rot:	Schal- und Mützenteile je 2 x

Bastelanleitung:
Schneiden Sie alle auf Tonkarton übertragenen Teile aus.
Zeichnen Sie mit dem schwarzen Filzstift die gepunkteten Linien (siehe Vorlagenbogen) auf.
Fixieren Sie das weiße Bauchteil unter dem schwarzen Körper.
Kleben Sie nun folgende Teile nacheinander auf: das Auge, den Schnabel, die Mützenteile, die Schalteile, die Füße und die Schlittschuhe.
Die Rückseite arbeiten Sie deckungsgleich.

Material:
- Gelber, roter, schwarzer, weißer und orangefarbener Tonkarton
- Bleistift, schwarzer Filzstift
- Schere, evtl. Schneidemesser, Klebstoff

Auszuschneidende Teile:

Gelb/Rot:	Fallschirm 1 x; Fallschirmseile für die Rückseite 1 x
Rot/Gelb:	Anzug 2 x
Orange:	Schnabel 2 x; Fußpaar 1 x
Schwarz:	Kopf 2 x; Flügelpaar 1 x
Weiß:	Augenpaar 2 x

Bastelanleitung:
Schneiden Sie alle auf Tonkarton übertragenen Teile aus.
Mit dem Messer arbeiten Sie die schwarz umrandeten Stellen im Fallschirm heraus.
Malen Sie die Knöpfe auf.
Kleben Sie nun das Fuß- und Flügelpaar unter den Anzug.
Der Kopf mit den Augen und dem Schnabel sowie die Fallschirmteile werden auf dem Anzug befestigt.
Arbeiten Sie die Rückseite deckungsgleich.

Ich lieb Dich – ich lieb Dich nicht...

Ich lieb Dich, meine schöne Maid,
ich zupf nur aus Verlegenheit.

Material:
- Schwarzer, roter, gelber, weißer, orangefarbener, mittel- und hellgrüner Tonkarton
- Bleistift, schwarzer Filzstift
- Schere, Klebstoff

Auszuschneidende Teile:

• Pinguinmädchen mit Wiese

Schwarz:	Kopf und Flügelpaar je 2 x
Rot:	Schleife, Kragen und Herz je 2 x
Gelb:	Kleid je 2 x
Weiß:	Augenpaar 2 x
Orange:	Schnabel und Fußpaar je 2 x
Hellgrün:	Wiese 1 x

• Pinguinjunge mit Blume

Schwarz:	Kopf und Flügel je 2 x
Rot:	Hose 2 x
Gelb:	Mütze, Hosentasche und Blütenteil je 2 x
Weiß:	Auge 2 x
	Blütenblätter 18 x
Orange:	Schnabel und Fußteil je 2 x
Mittelgrün:	Stiel 2 x

Bastelanleitung:
Schneiden Sie zuerst alle auf Tonkarton übertragenen Teile aus.
Zeichnen Sie schwarz markierte Stellen sowie die gepunkteten Linien (siehe Vorlagenbogen) mit dem Filzstift auf.

• Pinguinmädchen
Befestigen Sie den Schnabel, die Augen und die Schleife auf dem Kopf.
Kleben Sie folgende Teile nacheinander auf das gelbe Kleid: den Kragen, den Kopf, das Herz und die Flügel.
Die Füße fixieren Sie unter dem Kleid.

• Pinguinjunge
Befestigen Sie den Schnabel, das Auge und die Mütze am Kopf.
Kleben Sie nacheinander folgende Teile auf die Hose: den Blumenstiel, die Hosentasche, den Flügel und den Kopf. Den Fuß fixieren Sie unter dem Hosenbein.
Bei der Blüte kleben Sie die Blütenblätter versetzt auf das gelbe Innenteil, d.h. zuerst die drei vorderen und dann die drei hinteren.
Ein Blütenblatt sitzt im Schnabel und zwei liegen auf der Wiese.

Fixieren Sie die beiden Pinguine auf dem Grün.
Die Rückseite wird deckungsgleich geklebt.

Achtung: Die Blüten müssen auf der Rückseite doppelt gearbeitet werden, das weiße Papier scheint sonst durch.

Eine heikle Situation

Wie lange müssen wir noch hocken?
Sind die Klamotten noch nicht trocken?

Material:
- Weißer, schwarzer, orangefarbener, roter, gelber, grüner und hellgrauer Tonkarton
- Bleistift, schwarzer Filzstift
- Schere, Klebstoff

Auszuschneidende Teile:

Weiß:	Schneefläche und Augenpaare je 2 x
	Pinguinbauch (Wäsche) 4 x
Schwarz:	Köpfe und Flügel je 2 x
	Körper (Wäsche) 4 x
Orange:	Schnäbel und Fuß je 2 x
Rot:	Schleife, Kleid, Mütze und Schal je 2 x
Gelb:	Kragen und Mütze je 2 x
Grün:	Schal 2 x
	Wäscheklammern 12 x
Hellgrau:	Eisrand 2 x
	Teile der Wäscheleine 1 x

Bastelanleitung:
Schneiden Sie alle auf Tonkarton übertragenen Teile aus.
Zeichnen Sie mit dem schwarzen Filzstift die Augen sowie die gepunkteten Linien (siehe Vorlagenbogen) auf.

Setzen Sie die Teile der Wäscheleine zusammen, und kleben Sie sie hinter die Schneefläche.
Befestigen Sie die Kleidungsstücke an der Wäscheleine und im Schnee. Orientieren Sie sich dabei am Foto, damit Ihr Fensterbild wirklich stabil wird.
Kleben Sie die Augen und die Schnäbel sowie die Schleife auf die Köpfe.
Die zwei „entkleideten" Pinguine werden in den Schneespalt gesetzt.
Beim Mädchen fixieren Sie den Fuß unter dem Kleid; dann werden der Kragen, der Kopf und der Flügel aufgeklebt.
Setzen Sie das Mädchen auf die Schneefläche.

Die Rückseite arbeiten Sie möglichst deckungsgleich.

Versteckspiel unter Mützen

Selbst am Pol spielt man Versteck–
eins, zwei, drei, und ich bin weg!

Material:
- Weißer, grauer, schwarzer, orangefarbener, roter, grüner und gelber Tonkarton
- Bleistift, schwarzer Filzstift
- Schere, Klebstoff

Auszuschneidende Teile (für ein Motiv):

Weiß: Schneefläche 1 x
evtl. Augen 4 x
evtl. Bauch 2 x
Grau: Schneerand 2 x
Schwarz: Körperteile je 2 x
Orange: alle benötigten Teile je 2 x
Gelb, Rot und Grün:
Bommel 1 x
Übrige Mützenteile je 2 x

Bastelanleitung:
Schneiden Sie alle auf Tonkarton übertragenen Teile aus.
Zeichnen Sie die Augen mit dem schwarzen Filzstift auf.
Befestigen Sie den Schneerand an dem Schneefeld.
Kleben Sie alle Mützen zusammen: Das Mittelstück der Mütze kleben Sie auf den Bommel. Setzen Sie dann den Mützenrand auf.

• Pinguin unter grüner Mütze
Kleben Sie den Körper unter die Mütze, die Füße darauf.

• Pinguin unter roter Mütze
Fixieren Sie das weiße Bauchteil mit dem aufgesetzten schwarzen Körperteil unter der Mütze.
Der Flügel wird auf die Mütze gesetzt.
Befestigen Sie die Füße auf der Schneefläche.

• Pinguin unter gelber Mütze
Fixieren Sie die beiden Flügelteile unter der Mütze, den fertig geklebten Kopf darauf.
Befestigen Sie ein Flügelende auf dem Schnabel.

Nun kleben Sie die Mützen samt Pinguinen auf die Schneefläche.
Die Rückseite arbeiten Sie deckungsgleich.

Gewagter Freizeitlook

Die Modebranch' hat festgelegt,
daß man heut' mit Punkten geht!

Material:
- Grüner, weißer, schwarzer, orangefarbener, roter, gelber und grauer Tonkarton
- Bleistift, schwarzer Filzstift
- Schere, Klebstoff

Auszuschneidende Teile:

Grün: Wiese 1 x
Schwarz: Körperteile je 2 x
Pinselstiel 4 x
Weiß: Pinguinbäuche je 2 x
Auge 4 x
Orange: Jedes Fußpaar 2 x
Schnabel 4 x
Rot: Punkte 16 x
Schleifenteile, Farbe am Pinsel und am Topf je 2 x
Gelb: Punkte 16 x
Mütze, Farbe am Pinsel und am Topf je 2 x
Grau: Farbtopf und Pinselhaare je 4 x

Bastelanleitung:
Schneiden Sie alle auf Tonkarton übertragenen Teile aus.

Zeichnen Sie mit einem schwarzen Filzstift die Augen, die Punkte auf der Mütze und der Schleife sowie die gepunkteten Linien (siehe Vorlagenbogen) auf.

Anschließend kleben Sie unter jeden Pinguinbauch die Füße.
Nun befestigen Sie das schwarze Körperteil darauf und fixieren nacheinander das Auge, den Schnabel, die Punkte und die Schleife bzw. die Mütze.

Die fertiggestellten Pinguine setzen Sie auf die Wiese.

Kleben Sie nun die Pinselhaare und die Farbkleckse unter den Stiel.

Dann fixieren Sie die Pinsel und die Farbtöpfe auf der Wiese.

Die Rückseite arbeiten Sie deckungsgleich.

Moderne Architektur

Heut' baut man nicht nur ganz in Weiß,
man nimmt auch schon gefärbtes Eis!

Material:
- Weißer, schwarzer, orangefarbener, gelber, roter, blauer, grauer und grüner Tonkarton
- Bleistift, heller Buntstift, schwarzer Filzstift
- Schere, Klebstoff

Auszuschneidende Teile:
- Igluform mit Eisblöcken (2,8 cm x 3,8 cm)

Weiß: Igluform 2 x
Rot: Eisblock 10 x
Gelb: Eisblock 6 x
Blau: Eisblock 8 x
Grün: Eisblock 10 x
(1 Eisblock wird auf jeder Seite vom Pinguin verdeckt)

- Eisblöcke vor dem Iglu mit Schneefläche

Weiß: Schneefläche 1 x
Rot, Gelb, Grün, Blau:
Jeden Eisblock 2 x

- Pinguin mit Mörtelkelle

Schwarz: Körper und Flügel je 2 x
Weiß: Bauch und Auge je 2 x
Orange: Fußpaar und Schnabel je 2 x
Rot: Schalteile und Griff der Mörtelkelle je 2 x
Gelb: Mütze 2 x
Grau: Mörtelkelle 2 x

Bastelanleitung:
Schneiden Sie alle auf Tonkarton übertragenen Teile aus.
Zeichnen Sie das Auge sowie die gepunkteten Linien (siehe Vorlagenbogen) mit dem schwarzen Filzstift auf.
Arbeiten Sie zuerst die Vorderseite, dann die Rückseite.

- Iglu mit Eisblöcken und Schneefläche

Kleben Sie die Rechtecke auf die Igluform, und schneiden Sie überstehende Flächen ab.
Fixieren Sie das Iglu auf dem Schnee.
Kleben Sie die übrigen Eisblöcke vor das Iglu.

- Pinguin mit Mörtelkelle

Kleben Sie den rechten Flügel unter das weiße Bauchteil.
Befestigen Sie das schwarze Körperteil auf dem Bauch.
Fixieren Sie folgende Teile nacheinander auf dem Körper: das Auge, den Schnabel, die Mütze, die Schalteile und die zusammengesetzte Mörtelkelle.
Stellen Sie den Pinguin vor das Iglu.
Arbeiten Sie die Rückseite deckungsgleich.

Das Pinguinballett

Hoch die Arme, hoch das Bein,
hartes Training, das muß sein!

Material:

- Blauer, weißer, grauer, schwarzer, roter, gelber, orangefarbener Tonkarton
- Bleistift, schwarzer Filzstift
- Schere, Klebstoff, Lineal

Auszuschneidende Teile:

- Pinguine

Schwarz: Kopf und Flügelpaar je 4 x
Weiß: Augenpaar 4 x
Orange: Schnabel und Fußpaar je 4 x
Gelb: Pullover und Kragen je 4 x
Rot: Stirnband und Hosenbeine je 4 x

- Schneefläche mit Wasser und Radio

Blau: Wasser 1 x
Weiß: Schneefläche 2 x
Hellgrau: Schneerand 2 x
Rot: Radio 2 x
Gelb: Radioteile je 2 x
Schwarz: Antenne 2 x

Bastelanleitung:

Schneiden Sie zunächst alle auf Tonkarton übertragenen Teile aus.
Zeichnen Sie die schwarz markierten Stellen sowie alle gepunkteten Linien (s. Vorlagenbogen) mit dem Filzstift auf (eventuell ein Lineal benutzen).

- Pinguin

Kleben Sie das Stirnband, die Augen und den Schnabel auf den Kopf.
Befestigen Sie die Hosenteile und den Kragen am Pullover. Die Flügel und die Füße werden von unten fixiert, Kopf und Körper zusammengefügt.

- Schneefläche mit Radio

Fertigen Sie zunächst das Radio.
Kleben Sie die Schneefläche mit dem grauen Rand auf das Wasser. Anschließend fixieren Sie die Pinguine und das Radio. Die Rückseite arbeiten Sie deckungsgleich.